LES ÉLECTIONS DE 1863

ET

LA POLOGNE

PARIS

IMPRIMERIE DE L. TINTERLIN ET Cᵉ

rue Neuve-des-Bons-Enfants, 3

LES ÉLECTIONS DE 1863

ET

LA POLOGNE

PAR

LE DOCTEUR AMÉDÉE ANDRIEU

« Témoignez votre affection par des effets
plutôt que par des paroles. »

(ISOCRATE.)

PARIS

E. DENTU, LIBRAIRE-ÉDITEUR

PALAIS-ROYAL, 17 ET 19, GALERIE D'ORLÉANS

1863

LES ÉLECTIONS DE 1863

ET

LA POLOGNE

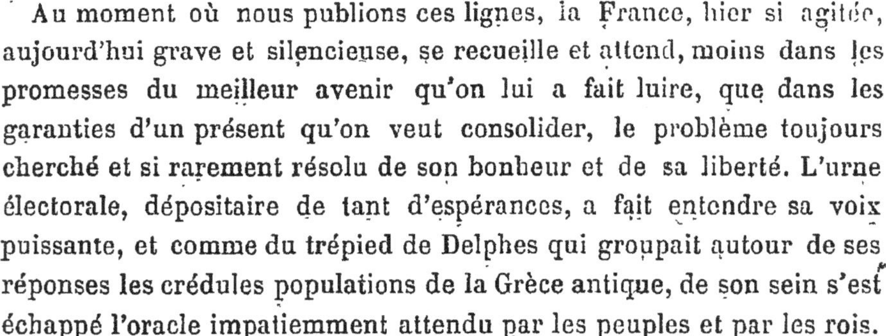

Au moment où nous publions ces lignes, la France, hier si agitée, aujourd'hui grave et silencieuse, se recueille et attend, moins dans les promesses du meilleur avenir qu'on lui a fait luire, que dans les garanties d'un présent qu'on veut consolider, le problème toujours cherché et si rarement résolu de son bonheur et de sa liberté. L'urne électorale, dépositaire de tant d'espérances, a fait entendre sa voix puissante, et comme du trépied de Delphes qui groupait autour de ses réponses les crédules populations de la Grèce antique, de son sein s'est échappé l'oracle impatiemment attendu par les peuples et par les rois.

Jamais, à aucune autre époque de l'histoire contemporaine, notre génération n'a assisté à un moment plus solennel; à aucune autre époque nous n'avons vu l'avenir de la France en jeu comme il l'était hier.

Était-ce en 1830, où d'une émeute qui se trouva être une révolution, sortit en trois jours un gouvernement plus libéral de nom que patriotique au fond, et dont l'établissement ne fut que le résultat, en quelque sorte inévitable, de la réaction lentement préparée de la bourgeoisie contre l'aristocratie?

Était-ce en 1848, où la classe ouvrière réagit à son tour contre la bourgeoisie, et alla perdre brutalement et pour jamais sa cause dans les hécatombes sanglantes des journées de Juin?

Était-ce le 10 décembre de la même année, où la France, fatiguée, plaça dans la bonne foi d'un prince jusqu'alors malheureux mais populaire, ses ardentes aspirations à un repos intérieur?

Était-ce en 1852, où elle abdiqua toutes ses prétentions révolution- naires en confiant d'une manière définitive ses destinées à ce même prince, qui continuait au dedans les glorieuses traditions de l'Empire, et faisait revivre notre influence au dehors ?

A ces quatre époques différentes, la France présente dans ses tergi- versations gouvernementales une physionomie particulière aux yeux de celui qui l'étudie froidement. Elle agit; son action est rapide, sou- daine parfois, mais non libre, parce qu'elle est dominée par les événe- ments. Elle ne réfléchit pas. Elle subit l'influence d'une pression qui lui vient d'en haut quand elle fait bien, d'en bas quand elle fait mal. Aussi le résultat dépasse-t-il presque toujours ses prévisions. Le malaise comme le bien-être qu'elle éprouve le lendemain d'une de ses crises l'étonne et la rend défiante contre des impressions nouvelles.

Elle a pu même regretter quelques-uns de ses actes, quoiqu'ils aient été justifiés tous par des résultats que nous appellerons provi- dentiels.

Aujourd'hui, la situation n'est pas la même.

Plus d'aristocratie, plus de bourgeoisie, plus de classe ouvrière. L'in- dustrie qui s'est développée en mettant en cause l'intelligence et les talents de tous, a rangé au même niveau, par la communauté des inté- rêts, le noble qui patronne la manufacture, la société, la fabrique, le commerçant qui la dirige, le journalier qui lui donne la vie.

A l'armée, le fils du sénateur obéit au fils du prolétaire.

D'ailleurs, les esprits sont calmes quelqu'aient pu être les espérances diverses qui sont intervenues dans la grande manifestation électorale dont nous sommes encore émus; notre foi et notre conscience, dégagées de tout ce qui pouvait gêner leur liberté, ont seules présidé à nos actes, à nos conseils. Aussi, pouvons-nous juger sans prévention, après la lutte, quelle est la véritable situation de la France.

Nous ne prendrons conseil, ici, que de nos intérêts et de nos besoins, et nous allons apprécier la situation avec toute l'indépendance pos- sible.

N'appartenant à aucun parti, exerçant une profession libérale, nous sommes de cette génération encore jeune qui salua avec l'enthousiasme de ses seize ans la révolution de 1848, et qui, depuis, a développé sa raison et a fait son éducation politique à mesure que ses pères la refai- saient. Nous sommes de cette génération qui a glorieusement arrosé du sang de ses conscrits les champs de bataille de la Crimée et de la Lombardie. Cette génération, pleine de séve et d'espérance, apporte aujourd'hui encore, au service de la patrie, une conscience qui, sans engagement avec le passé, pleine de foi dans un long avenir, demande à être librement écoutée. Elle est le cœur et la tête de cette société que les nouvelles élections ont consolidée.

Nous avons donc le droit et nous nous faisons un devoir de parler haut, parce que, derrière nous, se trouve cette force, ce moteur puissant qu'on appelle l'opinion publique.

I

Deux questions dominent les élections de 1863 et lui donnent un caractère des plus sérieux. L'une est intérieure, l'autre extérieure. Mais toutes deux se lient et puisent réciproquement l'une dans l'autre, les éléments d'une solution heureuse pour toutes deux.

Ces deux questions sont :

1° La consolidation plus prompte de la dynastie napoléonienne sur le trône de France ;

2° Le rétablissement de la Pologne.

La première est tellement imposante et a reçu dans l'esprit de chacun une consécration si intime, qu'elle a pesé de tout son poids sur le choix des députés et s'y est réfugiée tout entière comme dans l'expression de sa vie.

La seconde, d'un intérêt en apparence plus éloigné, se présente comme une éclaircie dans ce ciel ténébreux où nous cherchons à lire notre avenir. Au milieu des nuages qui nous cachent nos destinées futures dont ces élections veulent conjurer les malheurs, la Pologne insurgée nous apparaît comme un phare qui nous guidera sur la mer orageuse de la politique. ...

II

La consolidation parfaite de la dynastie napoléonienne sur le trône de France, dans un pays versatile comme le nôtre, ne peut être nécessairement que l'œuvre du temps. Plus de dix années se sont écoulées déjà, et certes chacune d'elles n'a fait qu'affermir l'œuvre du Dix décembre. Il n'appartenait qu'à l'Empereur lui-même de mêler l'avenir de sa maison aux préoccupations du moment. Aujourd'hui, certes, les circonstances ne permettent point de douter de son succès, de façon à avancer le jour de la fusion absolue entre elle et la France.

Voyons cependant ce qui se passe.

De tous côtés on s'est préparé aux élections avec ardeur. Dans tous les départements, dans les grandes cités comme dans les petits villages, chaque électeur a été sollicité. Les anciens partis se sont agités ; ils ont déposé pour un moment les haines qui les séparent, et sous le drapeau de l'opposition, ils ont rallié les opinions les plus diverses pour combattre avec plus de succès la majorité de la nouvelle session. Disons-le de suite à l'honneur de ce gouvernement, aucune entrave n'est venue arrêter leurs libres manifestations.

Hier, nous ne pouvions nous dissimuler que le cercle des cinq pouvait s'élargir ; aujourd'hui nous le verrons sans peine accru d'un certain nombre si cette augmentation doit nous faire connaître la valeur exacte de l'opposition. Mais cette opposition elle-même, composée d'éléments si hétérogènes, déjà peu redoutable par sa minorité, l'est encore moins par la divergence de ses aspirations. Mais le lendemain du vote, par un but commun difficile à avouer, mais facile à comprendre, les élus non patronés prendront en entrant dans le Palais-Bourbon une attitude de défiance vis-à-vis les uns des autres, et il est probable qu'une action stérile, inefficace pour les intérêts qu'ils se sont donné la mission de défendre, sera le résultat de cette alliance monstrueuse. Le gouvernement a-t-il donc reçu un échec? Sera-t-il moins fort dans les délibérations futures? Aura-t-il dans l'opinion des étrangers une sympathie moins vive dans notre pays?

Il n'est pas permis de le penser; mais il importe de bien définir dans quel sens s'agite l'opposition.

D'abord constatons une chose, c'est un progrès; nous le ferons donc avec plaisir : constatons le réveil de la vie politique en France. Les amis du Gouvernement devront s'en féliciter; car si ce réveil est pour certains citoyens l'expansion longtemps comprimée de leurs vœux et de leurs espérances, il est pour le plus grand nombre le symptôme d'une énergique protestation contre l'indifférence et l'oubli des devoirs d'un bon sujet. Lorsqu'au milieu de notre société hier encore bouleversée, mais tranquille aujourd'hui, l'ami de l'ordre et de la paix entend parler des regrets qu'ont pu laisser les Bourbons ou les d'Orléans, des espérances que la République de février a éveillées, et qui depuis ne sont pas toutes évanouies, il ne peut que se féliciter de ne pas partager une de ces opinions contraires dont le rêve troublerait sa conscience et jetterait du doute dans son esprit. Il y a quelques années seulement, ces amis de l'ordre, rangés autour du Gouvernement, se groupaient sans se donner un nom, et, sur le trône qu'ils servaient, ils ne voyaient que la personnification d'une idée de calme, de sécurité, de prospérité intérieure. Aujourd'hui ils s'aperçoivent que leur sympathie est devenue de l'attachement, et que l'homme auquel ils avaient remis la cause de leurs destinées, sans peut-être lui donner tout leur amour, a su depuis gagner leur pleine confiance et prendre personnellement une place dans leurs cœurs.

Ils constituent donc le parti des impérialistes, si toutefois on peut donner le nom de parti à une collection d'individus qui représentent la masse des citoyens et qui servent les intérêts du gouvernement établi.

Quoi qu'il en soit, les impérialistes se sont dévoués non-seulement à la personne de Napoléon, mais à sa dynastie, et on peut affirmer que depuis le jour où ils ont fait leur profession de foi (et ils l'ont faite hier encore de la manière la plus éclatante), ils ont rompu avec les habitudes d'apathie et d'indifférence que l'on reprochait aux *hommes modérés*.

Déjà ils déploient un zèle, une activité nouvelle dans leurs actes ou dans leurs conversations politiques, et préparent ainsi le moment où l'administration sera affranchie de cette tutelle officielle, de son immixion suspecte, responsabilité dangereuse qui faisait doute de sa confiance et de ses sympathies.

Est-ce à dire que ces hommes d'ordre ne se retrouvent pas aussi dans le camp de l'opposition ?

A Dieu ne plaise que nous affirmions le contraire. Loin de là. Nous nous plaisons à déclarer qu'au milieu des opinions les plus bizarrement rassemblées, brillent dans l'opposition les noms les plus honorables, les personnalités les plus rassurantes.

Il y a plus, et ceci n'est pas le spectacle le moins étrange auquel nous ayons assisté, quelques amis du Gouvernement s'y sont momentanément enrôlés, et vraiment ils s'y sont jetés avec une bonne foi si sincère et une restriction si hautement avouée, qu'il faut leur en savoir gré, sauf à leur montrer le danger de leur conduite. Ils ont voulu, nous le savons, faire une sorte de protestation contre les entraînements du pouvoir. Ils ont eu en vue surtout d'appuyer de leurs sympathies les députés qui demanderont le rappel de la loi de sûreté générale, l'établissement d'un contrôle sérieux des finances, et autres améliorations que tout citoyen honnête et libéral doit souhaiter. Mais leur maladresse a été extrême.

Ignorent-ils que la loi de sûreté générale sera rappelée au moment seul où le chef de l'État n'aura rien à craindre des entreprises de ceux qu'il tient pour dangereux, et ces électeurs maladroits n'ont-ils pas agi précisément contre leurs désirs, en allant renforcer par leur vote ceux-là mêmes que le gouvernement tient pour hostiles ?

Que les Français se pénètrent bien de cette vérité : Les libertés que nous souhaitons ne sont plus dans nos mains ; elles ont été confiées à l'Empereur qui, le jour où il le jugera convenable, le jour surtout où l'apaisement des passions politiques sera complet, les rendra bien volontiers, nous en sommes persuadés.

Il est à souhaiter pour la gloire de Napoléon et pour notre prospérité, que cette initiative se manifeste promptement. Ce sera le signal le plus éclatant du triomphe des impérialistes, et le programme le moins équivoque de la politique future de la dynastie napoléonienne.

III.

Le rétablissement de la Pologne paraît au premier abord une œuvre si difficile, si longue et surtout si compromettante pour la paix de l'Europe, qu'il n'est pas permis d'étudier à la légère les moyens de le réaliser, et qu'il ne faut pas le mettre sans motifs sérieux en rapport avec les besoins de notre politique et de la dynastie régnante.

Quelque juste que soit la cause de tout un peuple qui se lève avec énergie, comme un seul homme, pour réclamer une nationalité ravie par la force, il n'appartient pas à notre gouvernement d'entraîner la France dans une guerre où ses intérêts ne seraient pas directement engagés. Nous avons encore présentes à la mémoire les paroles de Napoléon signant la paix de Villafranca, et, certes, tout le monde les a applaudies comme l'expression de la modération la plus justifiée.

De notre côté, quelles que soient nos sympathies personnelles pour la cause polonaise, nous sommes trop bon Français pour oublier que notre pays ne peut l'adopter, s'il doit rencontrer en elle un danger pour sa gloire, pour son honneur ou pour ses intérêts.

Mais heureusement nous avons la conviction de ne pas trahir cette gloire, ni cet honneur, ni ces intérêts, en conjurant la France de sortir l'épée du fourreau et de dire à ce peuple : « Tu es libre ! »

C'est la plus juste des causes.

Ce sera la plus juste des guerres.

La Pologne est notre sœur, — elle a adopté notre langage, notre Code, nos mœurs ; c'est une nouvelle France dont les habitants, les yeux tournés vers nous, attendent avec une confiance inébranlable le secours qu'ils sont en droit de nous demander.

On se rappelle, en France, le courage et la fidélité des légions polonaises qui combattirent pour Napoléon Ier. — Napoléon III ne saura les oublier.

L'humanité nous fait aussi un devoir de cette guerre.

Nous ne pouvons rester insensibles devant ces hordes moscovites qui massacrent les vieillards, violent les femmes, écrasent les enfants.

Les blessés sont soumis à la torture ; les prisonniers sont noyés vivants, égorgés ou fusillés. Partout le massacre, partout l'incendie.

Le dédain que le bourreau affecte envers l'opinion publique, le mépris des lois de la justice qu'il professe ouvertement, nous autorisent à intervenir.

Déjà des pièces diplomatiques ont été échangées. La Russie, tout en acceptant nos conseils, par une dérision étrange, essaye, en noyant la Pologne dans son sang, d'éluder notre médiation avant qu'elle se prononce plus catégoriquement.

La Russie se joue de nous. Par bonheur, elle ne réussit pas à *pacifier* la Pologne. Malgré les ordres les plus barbares, les exécutions les plus odieuses, partout l'insurrection lève la tête.

Les femmes elles-mêmes apprennent à manier le fusil.

La Pologne sera libre ou le dernier des Polonais mourra les armes à la main.

La Russie a renié le droit commun des gens, il faut la mettre hors la loi.

La guerre ! la guerre !

Mais cette guerre intéresse presque toute l'Europe.

Quels seront nos alliés?

Quels seront nos ennemis?

Nos alliés seront : la Suède qui, déjà toute prête à combattre et l'œil sur la Finlande, nous offre le concours d'une flotte exercée et d'une armée vaillante; — l'Italie, qui n'a pu oublier nos services, et qui, d'ailleurs, se voit par sa conscience et par son honneur obligée de donner son aide à un peuple opprimé.

Devons-nous compter sur l'Angleterre? Non, mais elle restera neutre.

Devons-nous compter sur l'Autriche? Peut-être; mais elle ne nous sera pas hostile. Il s'agit de reculer les frontières de la Russie, et l'Autriche verra ce changement d'un œil satisfait.

Nos ennemis seront la Russie et la Prusse.

La Russie n'est plus ce colosse redoutable qui faisait trembler tout l'Occident. La guerre de Crimée a montré sa faiblesse. L'insurrection de la Pologne dévoile son impuissance.

La désorganisation est partout dans la Russie ; son armée même ne peut garder le drapeau de l'aigle à deux têtes qu'en le traînant dans le pillage. Le découragement paralyse la valeur des officiers. Les hordes sauvages seules constituent la force et le soutien des Moscovites.

Quant à la Prusse, le conflit paraît devoir être plus sérieux. Une armée nombreuse, bien disciplinée, un esprit d'animosité ouvertement déclaré contre nous, nécessiteront de notre part une intervention plus formidable. — Mais n'avons-nous pas la plus formidable des armées, et la Prusse ne s'arrêtera-t-elle pas devant les conséquences que peut avoir pour elle une guerre avec la France ?

D'ailleurs, la Prusse elle-même aura à faire chez elle. — Elle aussi s'accroupit sur la victime de 1815 et en dispersa quelques membres à son profit. La Posnanie, la Pomérélie, une partie de la Kaliszie, de la Gniesnie, de l'Inowroclavie n'attendent que le signal pour se lever.

La victoire sera donc facile, et les résultats en seront féconds.

La Pologne, rétablie d'après les bases de 1772, se présente comme un vaste État qui bornera la Baltique au Nord, depuis Dantzig jusqu'à l'embouchure de la Dwina, en retranchant toutefois le littoral de Brandebourg, qui, à l'Est, touchera la Prusse, la Silésie, au Midi le Dniester, à l'Ouest le Dniéper.

La Russie, refoulée loin de l'Occident, sera obligée de porter dans l'Asie la civilisation qu'elle tient de nous et dont elle n'a pas compris les obligations.

Au delà des monts Ourals, elle pourra jouer un rôle plus utile dans le drame de l'humanité, et l'Occident sera débarrassé de son cauchemar.

La Pologne libre, placée entre trois grandes puissances continentales, contribuera puissamment à leur équilibre et ne sera un danger pour aucune d'elles, parce qu'il lui faudra des siècles pour s'organiser en État puissant.

La Pologne n'a ni fabriques, ni manufactures, ni routes, ni chemins de fer ; elle fera appel au génie, au talent, à l'intelligence, aux capitaux de l'Europe ; ce sera un foyer d'industrie et de paix, auquel chaque nation conviée apportera son contingent de lumières.

Ce sera encore le théâtre d'une lutte, mais d'une lutte de progrès et de civilisation.

La France trouvera en elle une nation reconnaissante, qui, dans les moments de danger, saura encore mourir pour elle.

Notre influence se sera accrue, car la Pologne rétablie c'est la France plus riche, plus peuplée, agrandie d'un territoire immense.

Mais le temps presse.

Hâtons-nous.

Les Moscovites veulent rendre notre intervention diplomatique impuissante en exterminant tous les Polonais. Chaque heure de temps perdu est une chance de réussite pour la cruauté et pour le despotisme.

L'hiver, l'auxiliaire le plus fidèle de la Russie, le complice de sa barbarie, dans quatre mois va étendre sur la malheureuse Pologne son manteau de neige.

La guerre de partisans ne sera plus possible. Les Moscovites, maîtres des villes, les rempliront de carnage. — Les campagnes désertes, les bois sans abri ne pourront plus offrir un asile sûr aux héroïques faucheurs.

Hâtons-nous.

Si les intérêts de notre politique ne parlent pas assez haut pour nous décider à secourir par les armes ce brave peuple, notre religion outragée implore l'appui de nos armes.

Nous sommes allés en Syrie, en Chine, pour fortifier l'influence du Christianisme ; pourquoi n'irions-nous pas en Pologne pour y sauver le catholicisme ?

En mettant notre intervention armée à l'ombre de ce glorieux prétexte, nous achèverons de rallier à nous tous les partis.

Les libéraux demandent la guerre au nom des grands principes de fraternité.

Les cléricaux, les ultramontains la demandent au nom des intérêts de notre religion.

Les impérialistes la demandent au nom de l'avenir de la dynastie napoléonienne.

L'Europe attentive nous regarde.

. . . .

. . . .

Notre gouvernement se trouvera donc plus puissant au dehors ; la dynastie napoléonienne trouvera dans le rétablissement de la Pologne un motif de sécurité au dedans.

Dans les années de disette, en France, lorsque la récolte du blé manque, le méccontentement est partout, dans toutes les classes ; des hommes à figure sinistre, au langage passionné, parcourent nos campagnes, et au milieu des populations ignorantes et affamées font entendre des menaces contre les agents du gouvernement, et des cris de vengeance aveugle leur répondent.

Désormais plus de disette. — La Pologne, dans les provinces du Sud-Est, Podolie, Braclawie, Kiovie, Wolhynie, produit du blé en quantité suffisante pour conjurer désormais la famine. La Russie n'a pas voulu ouvrir ses routes dans ce pays pour l'appauvrir et l'empêcher de prospérer.

Le blé pourrit dans les greniers, chez les propriétaires, et les bestiaux s'en nourrissent.

La Pologne rétablie payera sa dette de reconnaissance en prévenant chez nous les révolutions.

Voilà comment nous avions raison en disant au commencement de cette brochure que la consolidation plus rapide de la dynastie napoléonienne et le rétablissement de la Pologne étaient deux questions intimement liées l'une à l'autre et qui toutes deux, résolues dans un sens honorable, consacreront notre gloire, notre liberté, et le bonheur de l'Europe.

FIN.